RESTAURATION

DE LA CHAPELLE

DE LA TRÈS-SAINTE VIERGE

DANS L'ÉGLISE DE SAINT-MAURICE, A LILLE.

Cette chapelle est dédiée à MARIE conçue sans péché.

ÉRECTION

DE LA CONFRÉRIE DE L'IMMACULÉE CONCEPTION,

1849 — 1850.

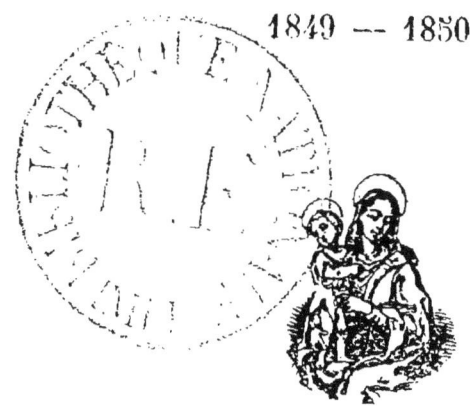

LILLE — DE L'IMPRIMERIE DE L. LEFORT.

1850.

Vu, approuvé et permis de publier :

Cambrai, le 18 mars 1850.

B. BONCE, *vic-gén.*

Par mandement de S. E. Mgr le Cardinal Archev.

DUPREZ, *ch. secrét-gén.*

I

(Extrait d'un ancien manuel.)

La protection toute-puissante de la très-sainte Vierge a toujours été la grande ressource des fidèles dans les besoins pressants; leur confiance en cette Mère de miséricorde n'a jamais été frustrée dans les plus grandes calamités; ils ont toujours senti son secours, surtout contre les plus formidables efforts des ennemis du salut.

Marie est cette belle et brillante étoile, élevée sur cette vaste et grande mer du monde; elle guide ceux qui sont embarqués sur cette mer orageuse. Voulez-vous éviter le naufrage, regardez toujours cette étoile : *Respice Stellam ;* appelez Marie à votre secours ; invoquez sans cesse le saint nom de Marie : *Voca Mariam.*

C'est dès la naissance du christianisme, dès les premiers jours de l'Eglise, que les fidèles se sont accoutumés à ne point séparer ces deux augustes noms de JÉSUS et MARIE.

Si vous êtes troublé de l'horreur de vos péchés, si votre conscience est alarmée de leur nombre et de leur grièveté; si la crainte des jugements de Dieu vous porte au désespoir et affaiblit votre confiance : *Mariam cogita, Mariam invoca :* Recourez à Marie, invoquez le nom de Marie; que ce saint Nom soit sans cesse dans votre bouche, et qu'il soit encore plus gravé dans votre cœur.

Remplissez, DIVINE MARIE, remplissez toute l'étendue de votre nom : soyez honorée dans le ciel, révérée sur la terre, redoutée dans l'enfer : Régnez, après Dieu, sur tout ce qui est au-dessous de Dieu ; surtout régnez dans mon cœur ; vous serez ma consolation dans mes peines, ma force dans mes faiblesses, mon conseil dans mes doutes. Au seul nom de MARIE, toute ma confiance se réveillera, tout mon amour s'embrasera. Que ne puis-je le graver profondément dans tous les esprits, ce saint Nom! Que ne puis-je le mettre dans la bouche de tous les hommes, et les engager tous à le célébrer avec moi! MARIE : ô Nom sous lequel nul ne doit désespérer? MARIE : ô Nom tant de fois attaqué, mais toujours victorieux, toujours glorieux? Marie : ô Nom toujours agréable, toujours salutaire à mon âme! Nom qui me rassure dans mes craintes, qui m'excite dans mes langueurs, qui me soutient dans mes entreprises! chaque jour de ma vie je le prononcerai, et toujours, en le prononçant, je le joindrai au sacré Nom de JÉSUS. Le Fils me rappellera le souvenir de la Mère, et la Mère me rappellera le souvenir du Fils. JÉSUS et MARIE ; voilà ce que ma bouche répétera mille fois à la mort. JÉSUS et MARIE, voilà ce que mon cœur, au défaut de ma bouche, ne cessera point de redire intérieurement. On me les fera entendre jusqu'à mon dernier soupir, ce Nom de Jésus, ce Nom de Marie; et jusqu'à mon dernier soupir, ce seront pour moi des Noms de confiance, de tendresse, de bénédiction et de salut. Ainsi soit-il.

Considérez que nous avons sans cesse besoin de l'intercession de la sainte Vierge durant cette vie. Peut-on trop souvent la réclamer ! Peut-on même sans une négligence criminelle, ne pas avoir recours à cet asile, surtout à l'heure de la mort, qui est le temps critique où nos ennemis redoublent leurs efforts et leurs ruses ; à ce moment qui décide notre éternité ! à cette heure terrible, où nous avons tout à craindre de notre faiblesse, et rien à espérer que de la miséricorde de Dieu Hélas ! dans cet abandon de toutes les créatures, ce sera vous, ô très-sainte Mère de mon Dieu, qui serez mon refuge, mon espérance et ma dernière ressource.

Quelle consolation pour ceux qui sont enrôlés dans vos confréries, de savoir qu'à ce moment critique et décisif de notre sort éternel, tant de miliers de dévots serviteurs et servantes de la sainte Vierge implorent pour nous son secours, réclament sa protection et sollicitent si vivement sa miséricorde !

Ce n'est pas seulement à la mort que les confrères et consœurs ont droit d'attendre ce service de charité et ce secours, c'est encore dans toutes les adversités, c'est dans tous les besoins de la vie.

L'union et la communication de prières et de bonnes œuvres n'est pas un des moindres privilèges ni un des moindres avantages de cette sainte Société. Quelle consolation et quel avantage pour ceux et celles qui sont enrôlés dans ses confréries, d'avoir part à toutes les prières de tous les associés ! de savoir que chaque jour, qu'à toute heure, qu'à tout moment, un grand nombre de fervents serviteurs et servantes de MARIE la supplient très-affectueusement de nous assister, à présent et à l'heure de notre mort : *nunc et in hora mortis nostræ.* Quand nous ne mériterions pas d'être écoutés, cette Mère de miséricorde peut-elle ne pas écouter les cris et les prières de cette pieuse multitude de saintes âmes qui intercèdent pour nous ?

Quel tort ne nous faisons-nous pas, de négliger des moyens aussi certains de salut, en ne profitant pas de ceux que l'Eglise nous présente ?

Aussi cette tendre Mère qui veille sans cesse sur ses enfants, ne désirant que leur salut et leur félicité éternelle, leur en offre à tous moments les moyens, et leur accorde libéralement toutes les graces et faveurs qui sont en son pouvoir. C'est ce qui a porté notre très-saint Père le Pape Pie VII, à ériger dans l'église de Saint-Maurice une Confrérie en l'honneur de la Très-Sainte Vierge pour les fidèles de l'un et l'autre sexe qui désireront y entrer et participer aux Indulgences que Sa Sainteté y accorde.

Depuis, pour ranimer de plus en plus la dévotion à la sainte Mère de Dieu, on a donné à cette Confrérie le titre du privilège le plus glorieux et le plus cher à Marie, celui de son *Immaculée Conception*, et sous ce titre de *Marie conçue sans péché*, la Confrérie est enrichie avec plus d'abondance, des graces et des faveurs de l'Eglise.

Depuis longtemps on désirait de voir restaurer la Chapelle de la sainte Vierge dans l'église de Saint-Maurice. Certes, ce désir était légitime ; car il était triste de voir cette boiserie grecque barriolée, ces fenêtres croulant sur elles-mêmes, dans une église dont le style gothique, simple mais pur, demandait une toute autre ornementation. Ce n'était donc pas une restauration, mais presqu'une réédification qu'il fallait. Mais aussi pour cela on avait besoin de grands secours, et ces grands secours, on ne pouvait les trouver immédiatement dans une paroisse livrée exclusivement au commerce, qui avait bien souffert. Que faire alors ? Une ressource se présenta naturellement : c'était de recourir à la piété bien connue des demoiselles de la paroisse, pour exciter leur zèle à ce sujet, et obtenir par leur entremise le concours de tous les autres fidèles.

L'espoir ne fut pas trompé. On sentait le besoin de la protection de la Mère de Dieu, toujours si bonne Mère des hommes ; on se mit à l'œuvre ; et, soyez-en bénies, généreuses paroissiennes, on vous vit, riches et pauvres, apporter les unes la pièce d'or, les autres *l'obole; l'enfance elle-même* se montra jalouse d'apporter sa pierre au sanctuaire de la Mère de Jésus.

On devina bientôt quel était l'homme généreux qui donnait à ce sanctuaire et son autel et son tabernacle en marbre blanc.

Enfin, graces aux soins d'un habile architecte, le sanctuaire de Marie Immaculée fut ce qu'il devait être. Il eut sa statue de la Vierge sans tache dans un style en rapport avec son architecture, ses cinq statues d'anges adorateurs, ses niches dentelées, ses clochillons gothiques, ses vitraux symboliques, ses nervures dorées, son ciel bleu aux étoiles d'or, ses bas-reliefs et son inscription gravée dans la pierre, qui redira à plusieurs siècles le zèle et le désintéressement des paroissiens de Saint-Maurice et leur confiance dans la sainte Mère de Dieu.

III

Mais sous quel titre particulier fallait-il consacrer ce sanctuaire ? L'embarras ne fut pas de longue durée. Le grand et saint Pape Pie IX occupait le trône de saint Pierre ; l'Église avait ses pénibles épreuves : le sublime Pilote tourna ses regards vers l'Étoile de la mer, et répondant au vœu de l'épiscopat tout entier, il provoqua l'assentiment des évêques du monde, pour définir enfin et ranger parmi les articles de foi un dogme toujours admis et professé, l'*Immaculée Conception de Marie*, ou *Marie conçue sans péché*. On fut heureux à Saint-Maurice de consacrer par un monument ce moment si longtemps désiré ; et la chapelle de la sainte Vierge fut dédiée à l'Immaculée Conception.

Nous aimons à conserver comme souvenir historique, intimement lié à la restauration de notre chapelle et à l'érection de la Confrérie, et pour l'édification des fidèles, le mandement de son Éminence le Cardinal-Archevêque de Cambrai, et l'encyclique du Saint Père, qu'il adressait au Clergé et aux fidèles de son diocèse.

MANDEMENT

DE

DE S. E. MONSEIGNEUR LE CARDINAL

ARCHEVÊQUE DE CAMBRAI,

PROMULGANT

L'Encyclique de N. S. P. le Pape Pie IX, sur la Conception de la très-sainte Vierge.

—✠—

Pierre GIRAUD, cardinal-prêtre de la sainte Eglise romaine, du titre de Sainte-Marie de la Paix, par la miséricorde de Dieu et la grace du Saint-Siége apostolique, archevêque de Cambrai, etc., etc;

Au clergé et aux fidèles de notre diocèse, salut, paix et bénédiction en Notre-Seigneur Jésus-Christ.

Nous profitons avec bonheur, nos très-chers frères, de l'approche du mois consacré à la Vierge Immaculée, pour vous demander les prières que le souverain Pontife sollicite par sa lettre encyclique du 2 février dernier. Cet admirable monument de la piété de notre saint Père le Pape envers l'incomparable Marie, envoyé à toutes les églises du monde, nous l'avons reçu de ses mains bénies dans notre séjour à Gaëte, auprès de son auguste personne. Nous avons recueilli de sa bouche, ou, pour mieux dire, de son cœur, le vœu qu'une prompte réponse vint satisfaire sa légitime impatience de définir par un jugement doctrinal, comme vérité de foi, ce qui fut toujours pour le peuple fidèle une vérité de sentiment, à savoir le privilège de la Conception sans tache de la Mère de Dieu.

Déjà, lors de notre voyage à Rome, nous avions prévenu les désirs du saint Père, et nos humbles supplications s'étaient unies, dans ce but, à celles de cent cinquante de nos vénérables collègues, implorant avec instance la faveur d'un décret apostolique décernant à notre Mère un titre qui ne peut plus être contesté. Ce nombre aujourd'hui dépasse deux cents, et tout annonce que l'unanimité des vœux de l'Épiscopat ne se fera pas longtemps attendre.

Nous n'avons pas besoin, nos très chers frères, de vous rappeler que lorsque l'Église propose à notre foi une vérité jusque-là non définie par elle, elle ne crée pas pour cela un dogme nouveau, comme l'en accusent avec autant d'injustice que d'irréflexion nos frères séparés. Elle ne fait que proclamer et confirmer, par une décision solennelle, ce qui était déjà, moralement du moins l'objet de la croyance de tous dans tous les lieux, dans tous les temps, selon la règle tracée par saint Augustin : *Quod ubique, quod semper, quod ab omnibus.* Seulement, parmi nos dogmes, il en est qui éclatent tout d'un coup comme la lumière ; il en est d'autres qui, semés dès le commencement dans la conscience des pasteurs et des fidèles, s'y conservent comme un saint dépôt, puis fleurissent et s'épanouissent au grand jour, quand le moment est venu pour eux de se produire pour le plus grand honneur de Dieu et l'édification de ses élus.

Telle la croyance de l'Immaculée Conception de la Vierge-Mère, après s'être silencieusement nourrie aux sources de l'Ecriture et de la Tradition, et s'être ensuite formulée par des pratiques et des symboles, sortira bientôt brillante et radieuse comme une fleur de sa tige, de cette lente préparation des siècles. Les développements qu'a pris dans ces derniers temps la dévotion à Marie, les concessions apostoliques qui nous autorisent à lui donner le titre d'Immaculée dans ses Litanies et dans la Préface de la fête de sa Conception, la médaille frappée en mémoire de cette glorieuse prérogative, tout faisait pressentir la solution prochaine d'une question qui intéresse à un si haut degré la gloire de notre divine Mère et la piété de ses enfants.

Les circonstances actuelles semblent aussi concourir à hâter cette décision. Dans les grands dangers de l'Eglise et les grandes commotions de la société chrétienne, de nouveaux honneurs décernés à Marie furent toujours l'heureux présage des graces les plus signalées et des plus riches bénédictions : car ce n'est pas en vain que l'Eglise la salue comme la Femme forte qui a écrasé la tête de l'ancien serpent, et qu'elle lui attribue *à elle seule la victoire sur toutes les erreurs qui ont désolé le monde.*

Vous allez entendre, nos très-chers frères, les paroles du Père commun des fidèles ; recueillons-les avec la piété et la docilité d'enfants soumis et respectueux.

Encyclique de N. S. P. le Pape Pie IX,

A nos vénérables frères les patriarches, les primats, les archevêques et les évêques de tout l'univers catholique.

PIE IX, pape.

Vénérables frères, salut et bénédiction apostolique.

Dès les premiers jours, où, élevé sans aucun mérite de notre part, mais par un secret dessein de la divine Providence, sur la chaire suprême du Prince des Apôtres, nous avons pris en main le gouvernail de l'Eglise entière, nous avons été touché d'une souveraine consolation, vénérables frères, lorsque nous avons su de quelle manière merveilleuse, sous le pontificat de notre prédécesseur Grégoire XVI, de vénérable mémoire, s'est réveillé dans tout l'univers catholique, l'ardent désir de voir enfin décréter, par un jugement solennel du Saint-Siège, que la très-sainte Mère de Dieu, qui est aussi notre tendre Mère à tous, l'Immaculée Vierge Marie, a été conçue sans la tache originelle. Ce très-pieux désir est clairement et manifestement attesté et démontré par les demandes incessantes présentées tant à notre prédécesseur qu'à nous-même, et dans lesquelles les plus illustres prélats, les plus vénérables chapitres canoniaux et les congrégations religieuses, notamment l'ordre insigne des Frères Prêcheurs, ont sollicité à l'envi qu'il fût permis d'ajouter et de prononcer hautement et publiquement dans la Lithurgie sacrée, et surtout dans la préface de la messe de la Conception de la bienheureuse Vierge, ce mot *Immaculée*. A ces instances, notre prédécesseur et nous-même avons accédé avec le plus grand empressement. Il est arrivé en outre, vénérables frères, qu'un grand nombre d'entre vous n'ont cessé d'adresser à notre prédécesseur et à nous des lettres par lesquelles, exprimant leurs vœux redoublés et leurs vives sollicitations, ils nous pressaient de vouloir définir, comme doctrine de l'Eglise catholique, que la Conception de la Vierge Marie avait été entièrement immaculée et absolument exempte de toute souillure de la faute originelle. Et il n'a pas manqué aussi dans notre temps d'hommes éminents par le génie, la vertu, la piété et la doctrine qui, dans leurs savants et laborieux écrits, ont jeté une lumière si éclatante sur ce sujet et sur cette très-pieuse opinion, que beaucoup de personnes s'étonnent que l'Eglise et le Siège apostolique n'aient pas encore décerné à la très-sainte Vierge cet honneur, que la commune piété des fidèles désire si ardemment lui voir attribué par un solennel jugement et par l'autorité de cette même Eglise et de ce même Siège. Certes, ces vœux ont été singulièrement agréables et pleins de consolation pour nous, qui, dès nos plus tendres années, n'avons rien eu de plus cher, rien de plus précieux que d'honorer la bienheureuse Vierge Marie d'une piété particulière, d'une vénération spéciale, et du dévouement le plus intime de notre cœur, et de faire tout ce qui nous paraîtrait pouvoir contribuer à sa plus grande gloire et louange et à l'extension de son culte. Aussi, dès le commencement de notre pontificat, avons-nous tourné avec un extrême empressement nos soins et nos pensées les plus sérieuses vers un objet d'une si haute importance, et n'avons-nous cessé d'élever vers le Dieu très-bon et très-grand, d'humbles et ferventes prières, afin qu'il daigne éclairer notre esprit de la lumière de sa grace céleste, et nous faire connaître la détermination que nous avions à prendre à ce sujet. Nous nous confions surtout dans cette espérance, que la bienheureuse Vierge qui a été élevée *par la grandeur de ses mérites au-dessus de tous les chœurs des anges jusqu'au trône de Dieu*, qui a brisé sous le pied de sa vertu, la tête de l'antique serpent, et qui, *placée entre le Christ et l'Eglise*, toute pleine de grace et de suavité, a toujours arraché le peuple chrétien aux plus grandes calamités, aux embûches et aux attaques de tous ses ennemis et l'a sauvé de la ruine, daignera également, nous prenant en pitié avec cette immense tendresse qui est l'effusion habituelle de son cœur maternel, écarter de nous, par son instante et toute-puissante protection auprès de Dieu, les tristes et lamentables infortunes, les cruelles angoisses, les peines et les nécessités dont nous souffrons, détourner les fléaux du courroux divin qui nous affligent à cause de nos péchés, apaiser et dissiper les effroyables tempêtes de maux dont l'Eglise est assaillie de toutes parts, à l'immense douleur de notre âme, et changer enfin notre deuil en joie. Car vous savez parfaitement, vénérables frères, que le fondement de notre confiance est en la très-sainte Vierge, puisque c'est en elle que Dieu a placé *la plénitude de tout bien, de telle sorte que s'il y a en nous quelque espérance, s'il y a quelque faveur, s'il y a quelque talent, nous sachions que c'est d'elle que nous le recevons.... parce que telle est la volonté de Celui qui a voulu que nous eussions tout par Marie.*

En conséquence, nous avons choisi quelques ecclésiastiques distingués par leur piété, et très-versés dans les études théologiques, et en même temps un certain nombre de nos vénérables frères les cardinaux de la sainte Eglise romaine, illustres par leur vertu, leur religion, leur sagesse, leur prudence, et par la science des choses divines ; et nous leur avons donné mission d'examiner avec le plus grand soin, sous tous les rapports, ce grave sujet, selon leur prudence et leur doctrine, et de nous soumettre ensuite leur avis avec toute la maturité possible. En cet état de choses, nous avons cru devoir suivre les traces illustres de nos prédécesseurs et imiter leurs exemples.

C'est pourquoi, vénérables frères, nous vous adressons ces lettres par lesquelles nous excitons vivement votre insigne piété et votre sollicitude épiscopale, et nous exhortons chacun de vous, selon sa prudence et son jugement, à ordonner et à faire réciter dans son propre diocèse des prières publiques pour obtenir que le Père miséricordieux des lumières daigne nous éclairer de la clarté supérieure de son divin Esprit, et nous inspirer du souffle d'en haut, et que, dans une affaire d'une si grande importance, nous puissions prendre la résolution qui doit le plus contribuer tant à la gloire de son saint Nom, qu'à la louange de la bienheureuse Vierge et au profit de l'Eglise militante. Nous souhaitons vivement que vous nous fassiez connaître, le plus promptement possible, de quelle dévotion votre clergé et le peuple fidèle sont animés envers la Conception de la Vierge immaculée, et quel est leur désir de voir le Siège apostolique porter un décret sur cette matière. Nous désirons surtout savoir, vénérables frères, quels sont à cet égard les vœux et les sentiments de votre éminente sagesse ; et comme nous avons déjà accordé

Vu la demande de M. LECONTE, doyen-curé de Saint-Maurice, à Lille, tendant à ce que nous érigions dans l'église de cette paroisse une Confrérie sous le titre de l'Immaculée Conception ;

Voulant seconder les pieuses intentions de M. LECONTE, et ne désirant rien tant que de voir s'accroître dans notre diocèse le culte de Marie *conçue sans péché* ;

Nous avons érigé et, par les présentes, nous érigeons, dans l'église de Saint-Maurice à Lille, une Confrérie sous le titre de l'Immaculée Conception.

Donné à Cambrai, sous le seing de notre vicaire-général, notre sceau et le contre-seing du secrétaire de notre archevêché, le 9 août 1849.

B. BONCE, *vicaire-général.*

Par mandement de son Eminence,

DUPREZ, Ch., *secrétaire-général.*

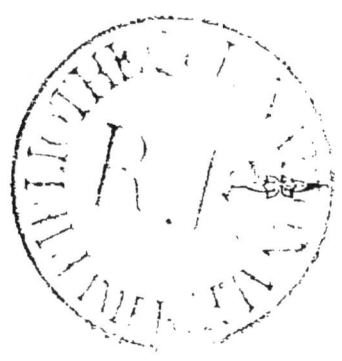

V.

Nous allons dire maintenant les conditions imposées à chaque Confrère ou Consœur, et les nombreux bienfaits spirituels auxquels ils ont droit.

Il y a deux sortes d'indulgences : les plénières et les partielles.

Pour gagner toute indulgence plénière, il faut 1° avoir intention, au moins virtuelle, de la gagner ; 2° se confesser ; 3° communier.

Quant à la confession, par indult spécial de sa sainteté Grégoire XVI, du 27 Juillet 1842, les fidèles du diocèse de Cambrai, qui ont la coutume de s'approcher du saint Tribunal, au moins tous les quinze jours, peuvent profiter des indulgences plénières, aussi souvent qu'il s'en présente à gagner, sans recourir chaque fois à la confession sacramentelle.

Pour profiter des indulgences plénières de la Confrérie de l'Immaculée Conception, il y a deux autres conditions : 1° avoir reçu de la main d'un prêtre au-

torisé et porter le Scapulaire de couleur bleue;
2° prier selon l'intention des souverains Pontifes qui
ont accordé les indulgences.

Mais quelles prières faut-il dire? On laisse au choix de chacun les prières et les œuvres pieuses, que suggérera la dévotion ou le directeur. Pour rassurer les consciences méticuleuses, nous prions de remarquer qu'aucune obligation n'est imposée sous peine de péché. Saint André de Crète conseillait une pratique bien facile, et à la portée de tous; celle de réciter dix *Ave Maria* en l'honneur du privilège de la bienheureuse Vierge, et trois *Gloria Patri* en l'honneur de la très-sainte Trinité. Nous donnerons plus loin du reste quelques prières dont on pourra se contenter.

Pour gagner les indulgences partielles, il faut porter le Scapulaire, et prier avec un cœur contrit.

VI.

On remarquera que la Confrérie de l'Immaculée Conception est de toutes les confréries de la sainte Vierge, celle que l'Eglise a le plus enrichie des biens spirituels.

Voici les indulgences accordées à cette confrérie :

INDULGENCES PLÉNIÈRES.

Le jour où l'on reçoit le Scapulaire : le jour de l'Immaculée Conception; aux fêtes de l'Assomption; de la Nativité; de la Purification; de l'Annonciation; de Pâques; de l'Ascension; de la Pentecôte; de la Trinité; de Noël; de saint Pierre et saint Paul; de l'Invention de la sainte Croix; des saints Anges gardiens; de la Nativité de saint Jean-Baptiste; de la mort de saint Joseph; de la Toussaint; de saint Michel Archange; de sainte Thérèse, 15 octobre; de saint Augustin, 28 août; du bienheureux Joseph-Marie Thomassi, 24 mars; du bienheureux Paul d'Arrezo, 17 juillet ; de saint Gaëtan, 7 août ; de la fête de l'Exaltation de la sainte Croix, 14 septembre ; de saint André Avellin, 10 novembre ; du bienheureux Jean Marinoné, 15 décembre ; le dernier dimanche de juillet ; le jour de la Portioncule, 2 août ; à l'article de la mort ; le jour où un prêtre confrère célèbre sa première messe ; lorsque l'associé fait une retraite, une fois par an ; chaque premier dimanche du mois ; tous les samedis de Carême ; le vendredi de la semaine de la Passion ; les mercredi, jeudi et vendredi Saints ; aux prières des quarante heures ; le premier et le dernier jour de la neuvaine de Noël ; le dimanche de la Passion ; le 12 avril.

En visitant une église où se trouve une chapelle de l'Immaculée Conception, on peut gagner les indulgences stationnales accordées à la visite des églises de Rome.

Tous les dimanches de l'Avent ; la veille et dans la nuit de Noël, jusqu'après la messe de l'Aurore, et les trois jours suivants ; la Circoncision ; l'Epiphanie ; les dimanches de la Septuagésime, Sexagésime, Quinquagésime ; depuis le premier jour de Carême jusqu'au dimanche de Quasimodo inclusivement ; les jours de saint Marc et des Rogations ; le jour de l'Ascension ; depuis la veille de la Pentecôte jusqu'au samedi suivant inclusivement. Enfin les trois jours des quatre-temps.

On peut gagner les indulgences du saint Sépulcre et de la Terre sainte, en visitant deux fois le mois l'église de la Confrérie.

En récitant six *Pater*, *Ave*, *Gloria*, en l'honneur de la sainte Trinité et de la sainte Vierge immaculée, en priant pour l'extirpation des hérésies, l'Exaltation de notre Mère la sainte Eglise, la paix et la concorde entre les princes chrétiens, on peut gagner toutes les indulgences des basiliques de Rome, de la Portioncule, de Jérusalem et de saint Jacques en Galice.

Toutes les messes qui se célèbrent pour les associés défunts à quelqu'autel que ce soit, sont regardées comme célébrées à un autel privilégié.

INDULGENCES PARTIELLES

DE SOIXANTE ANS,

En faisant chaque jour une demi-heure d'oraison mentale.

De vingt ans,

En visitant ou en aidant spirituellement ou corporellement les infirmes, ou si on ne le peut, en récitant pour eux cinq *Pater*, *Ave*, *Gloria*.

Dans toutes les octaves des fêtes de Notre-Seigneur.

Dans toutes les fêtes des Saints de l'Ordre de Saint-Augustin :

Janvier	19	St. Fulgence.
Février	10	St. Guillaume, duc d'Aquitaine.
	17	St. Patrice.
Mai	4	Ste. Monique.
	17	St. Possidius.
Juin	12	St. Jean, à Facondo.
Août	13	St. Simplicien.
	16	St. Altius.
	23	St. Libère et ses compagnons, mart.

	28 St. Augustin.
Septembre	5 St. Antonin.
	10 St. Nicolas de Tolentin.
	18 St. Thomas de Villeneuve.
Octobre	16 Ste. Massime, vierge, et ses compagnes, martyres.
Décembre	16 B. vierges d'Afrique, martyres.

Dans toutes les fêtes des Saints de l'ordre des Carmes :

Janvier	22 St. Anastase.
	28 St. Cyrille.
Février	4 St. André Corsin.
	12 St. Denis, pape.
	13 Ste. Euphrosine.
	14 St. Thélesphore.
Février	15 St. Pierre Thomas.
	25 St. Avertan.
Mars	6 St. Cyrille, docteur.
	13 Ste. Euphrasie.
	29 St. Berthold.
Avril	8 St. Albert, partriarche de Jérusalem.
Mai	5 St. Angèle.
	16 St. Simon Stok.
	21 Translation du corps de St. Jean de la Croix.
	25 Ste. Marie Magdeleine de Pazzi.
Juin	14 St. Elisée, prophète.
Juillet	13 Translation du corps de Ste Thérèse.
	20 St. Elie, prophète.
Août	7 St. Albert.
	27 La transpersion de Ste. Thérèse de Jésus.

Septembre	2	St. Brocard.
	25	St. Gérard.
Octobre	21	St. Hilarion.
	26	La translation du corps de St. André Corsin.
	30	St. Sérapion.
Novembre	14	Fête de tous les saints de l'Ordre des Carmes.
Décembre	14	St. Spiridion.
	16	La translation du corps de Ste. Marie Magdeleine de Pazzi.

Dans toutes les fêtes des saints de l'ordre des Trinitaires :

Février	8	St. Jean de Matha.
Novembre	13	Fête de tous les saints de l'Ordre des Trinitaires.
	20	St. Félix de Valois.

Dans toutes les fêtes des saints de l'Ordre Servite.

Juin	19	Ste. Julienne de Falcon.
	20	St. Philippe Béniti.

Dans toutes les fêtes des saints de l'Ordre de Saint-Dominique.

Janvier	23	St. Raymond de Pennafort.
Février	13	Ste. Catherine de Ricci.
Mars	7	St. Thomas d'Aquin.
Avril	5	St. Vincent Ferrier.
	20	Ste. Agnès de Pulciane.
	29	St. Pierre, martyr.
	30	Ste. Catherine de Sienne.
Mai	5	St. Pie, pape.
	10	St. Antonin.

Et vous, ô Père tout-puissant, par les mérites des glorieux privilèges de Marie, exaucez la prière de Celle qui est votre fille chérie, et pardonnez à ses dévots serviteurs.

Pardonnez, Seigneur, pardonnez à votre peuple.	Parce, Domine, parce populo tuo.

Un *Pater* et quatre *Ave*.

Par votre Conception sainte, délivrez-nous, ô glorieuse Vierge Marie.	Per sanctam Conceptionem tuam libera nos, gloriosa Virgo Maria.

II

Nous vous saluons, ô très-pure et très-sainte Mère de Jésus, et nous vous prions bien humblement, par votre céleste annonciation, où vous avez reçu le Verbe divin dans vos chastes entrailles ; par ce bienheureux enfantement, où vous n'éprouvâtes aucune douleur ; par cette perpétuelle virginité, que vous pûtes unir au titre de Mère ; surtout par ce cruel martyre, que vous eûtes à souffrir à la mort de notre Rédempteur ; nous vous prions de vous faire notre médiatrice, afin que nous profitions du fruit du Sang précieux de votre Fils.

Et vous, ô divin Fils, par les mérites des privilèges de Marie, exaucez la prière de votre Mère si chérie ; et pardonnez à ses dévots serviteurs.

Pardonnez, Seigneur, pardonnez à votre peuple.

Un *Pater* et quatre *Ave*.

Par votre Conception sainte, délivrez-nous, ô glorieuse Vierge Marie.

III

Nous vous saluons, ô très-pure et très-sainte Mère de Jésus, et nous vous supplions bien humblement, par ces saintes joies qu'éprouva votre cœur dans la résurrection et l'ascension de Jésus-Christ; par votre assomption dans le Ciel, qui vous a élevée au-dessus de tous les chœurs des Anges; par la gloire que Dieu vous a donnée, d'être la Reine de tous les saints; enfin par cette médiation si efficace, qui vous permet de tout obtenir; nous vous prions de nous obtenir un véritable amour de Dieu.

Et vous, Esprit saint, par les mérites des privilèges de Marie, exaucez la prière de votre Epouse bien-aimée, et pardonnez à ses dévots serviteurs.

Pardonnez, Seigneur, pardonnez à votre peuple.

Un *Pater* et quatre *Ave*.

Par votre Conception sainte, délivrez-nous, ô glorieuse Vierge Marie.

Ensuite on récite les Litanies de la très-sainte Vierge, suivies de l'Antienne.

Kyrie, eleison.
Christe, eleison.
Kyrie, eleison.
Christe, audi nos.
Christe, exaudi nos.
Pater de cœlis Deus, miserere nobis.
Fili Redemptor mundi, Deus, miserere nobis.
Spiritus Sancte, Deus, miserere nobis.
Sancta Trinitas, unus Deus, miserere nobis.
Sancta Maria, ora pro nobis.
Sancta Dei Genitrix, ora pro nobis.
Sancta Virgo virginum, ora pro nobis.
Mater Christi, ora pro nobis.
Mater divinæ gratiæ, ora pro nobis.
Mater purissima, ora pro nobis.
Mater castissima, ora pro nobis.
Mater inviolata, ora pro nobis.
Mater intemerata, ora pro nobis.
Mater amabilis, ora pro nobis.
Mater admirabilis, ora pro nobis.
Mater Creatoris, ora pro nobis.
Mater Salvatoris, ora pro nobis.
Virgo prudentissima, ora pro nobis.
Virgo veneranda, ora pro nobis.
Virgo prædicanda, ora pro nobis.
Virgo potens, ora pro nobis.
Virgo clemens, ora pro nobis.

Virgo fidelis, ora pro nobis.
Speculum justitiæ, ora pro nobis.
Sedes sapientiæ, ora pro nobis.
Causa nostræ lætitiæ, ora pro nobis.
Vas spirituale, ora pro nobis.
Vas honorabile, ora pro nobis.
Vas insigne devotionis, ora pro nobis.
Rosa mystica, ora pro nobis.
Turris Davidica, ora pro nobis.
Turris eburnea, ora pro nobis.
Domus aurea, ora pro nobis.
Fœderis arca, ora pro nobis.
Janua Cœli, ora pro nobis.
Stella matutina, ora pro nobis.
Salus infirmorum, ora pro nobis.
Refugium peccatorum, ora pro nobis.
Consolatrix afflictorum, ora pro nobis.
Auxilium christianorum, ora pro nobis.
Regina Angelorum, ora pro nobis.
Regina patriarcharum, ora pro nobis.
Regina prophetarum, ora pro nobis.
Regina apostolorum, ora pro nobis.
Regina martyrum, ora pro nobis.
Regina confessorum, ora pro nobis.
Regina virginum, ora pro nobis.
Regina sanctorum omnium, ora pro nobis.
Regina sine labe concepta, ora pro nobis.

Agnus Dei, qui tollis peccata mundi, parce nobis, Domine.

Agnus Dei, qui tollis peccata mundi, exaudi nos Domine.

Agnus Dei, qui tollis peccata mundi, miserere nobis.

Christe, audi nos.

Christe, exaudi nos.

Ant. Conceptio tua, Dei genitrix Virgo, gaudium annuntiavit universo mundo : ex te enim ortus est sol justitiæ, Christus Deus noster, qui solvens maledictionem dedit benedictionem, et confundens mortem, donavit nobis vitam sempiternam.

℣. In Conceptione tuâ, Virgo Immaculata fuisti.

℟. Ora pro nobis Patrem, cujus Filium peperisti.

ORESMUS.

Deus misericordiæ, Deus pietatis, Deus indulgentiæ, qui misertus es super afflictionem populi tui, et dixisti Angelo percutienti populum tuum : Contine manum tuam; ob amorem illius Matris gloriosæ, cujus ubera pretiosa contra venena nostrorum delictorum dulciter suxisti; præsta auxilium gratiæ tuæ, ut ab omni malo securi liberemur, et a totius perditionis incursu misericorditer salvemur. Qui vivis et regnas in sæcula sæculorum. Amen.

Celui qui récite la prière suivante gagne les saintes Indulgences accordées par les SS. Pontifes.

Que bénie soit la sainte et Immaculée Conception de la bienheureuse Vierge Marie.

℣. Immaculata Virginis Conceptio

℟. Sit nobis salus et protectio.

PETIT OFFICE

DE LA

TRÈS-PURE ET IMMACULÉE CONCEPTION

DE

LA TRÈS-SAINTE VIERGE,

MÈRE DE DIEU.

—o◯o—

A MATINES.

Mes lèvres, ouvrez-vous à la Reine des Anges ; à la pure Marie, offrez d'humbles louanges.

Vierge sainte, aide-nous, nos cœurs te sont soumis ; délivre-nous des mains de nos fiers ennemis.

Gloire soit au Père, etc.

HYMNE.

Aimable Reine, dont l'empire
Embrasse la terre et les cieux,
En qui tout l'univers admire
Ce qu'il a de plus radieux.

Toi que la pureté décore
D'un éclat vraiment tout divin,
Aube du jour, paisible aurore,
Brillante Etoile du matin.

Vierge, daigne agréer l'hommage

Que nous venons ici t'offrir ;
Sauve le monde du naufrage,
Hâte-toi de nous secourir.

Avant la naissance du monde,
Dieu, par un décret éternel,
Voulut que de ta chair féconde
Le Verbe prît un corps mortel.

Il te choisit pour être Mère,
De ce Verbe unique et puissant,
Par qui les cieux, l'onde, la terre,
Sortirent jadis du néant.

Tu fus l'Epouse toute belle,
Qu'il créa digne de son choix,
D'Adam la tache criminelle,
Sur toi n'étendit pas ses droits.

℣. Dieu l'a choisie et prédestinée,

℟. Et lui a préparé une demeure dans son tabernacle.

℣. Exaucez ma prière, puissante Reine ;

℟. Et que mes cris pénètrent jusqu'à vous.

PRIONS.

Sainte Marie, Reine du Ciel, Mère de Notre-Seigneur Jésus-Christ, souveraine Maîtresse de l'univers, qui n'abandonnez et ne dédaignez personne, daignez jeter sur moi des yeux de miséricorde, et obtenez-moi de votre cher Fils le pardon de tous mes péchés, afin qu'ayant honoré, comme je le fais de tout mon cœur, le mystère de votre Conception Immaculée, je puisse jouir du bonheur éternel, par la miséricorde de votre Fils, Notre-Seigneur Jésus-Christ, qui vit et règne avec le Père et le Saint-Esprit, dans tous les siècles des siècles. Ainsi soit-il.

℣. Exaucez ma prière, puissante Reine ;
℟. Et que mes cris pénètrent jusqu'à vous.
℣. Bénissons le Seigneur,
℟. Rendons graces à Dieu.
℣. Que les âmes des fidèles trépassés reposent en paix, par la miséricorde de Dieu.
℟. Ainsi soit-il.

A PRIME.

Vierge sainte, aide-nous, nos cœurs te sont soumis ; délivre-nous des mains de nos fiers ennemis.

Gloire soit au Père, etc.

HYMNE.

Vierge sage, Maison sacrée,
Dont sept piliers font l'ornement,
Que le Très-Haut même a parée,
Où nous trouvons notre aliment.

Du monde la vapeur grosssière
Ne ternit jamais ta beauté ;
Et tu parus à la lumière
Déjà pleine de sainteté.

Nouvelle Eve, Mère de vie,
Porte des Saints, Astre nouveau;
Des Anges la troupe ravie
Devait régner près de l'Agneau.

Camp terrible dont la puissance
Jette l'effroi dans les enfers,
Sois en tout temps notre espérance
Et notre asile en tout revers.

℣. Dieu l'a créée et remplie de son St.-Esprit;
℟. Il l'a exaltée au-dessus de tous les ouvrages de ses mains.
℣. Exaucez ma prière, puissante Reine;
℟. Et que mes cris pénètrent jusqu'à vous.

ORAISON. Sainte Marie, etc. (comme ci-dessus).

A TIERCE.

Vierge sainte, aide-nous, nos cœurs te sont soumis; délivre-nous des mains de nos fiers ennemis.
Gloire soit au Père, etc.

HYMNE.

Arche auguste de l'alliance,
Trône éclatant de Salomon,
Arc-en-ciel, gage d'espérance,
Ardent et mystique buisson.

Baguette d'Aaron florissante,
Pure toison, rayon de miel,

Porte sainte qu'on représente,
Ouverte au seul Dieu d'Israël;

Vierge, sans toi, la tache impure
Qu'Eve transmit à ses enfants
Eût rejailli sur la nature
Du Fils qui naquit de tes flancs.

Ce noble Fils dut, pour lui-même,
T'exempter de toute laideur,
Et de sa pureté suprême
Te communiquer la splendeur.

℣. Je fais ma demeure au plus haut des cieux ;
℟. Et une colonne de nuées soutient mon trône.
℣. Exaucez ma prière, puissante Reine;
℟. Et que mes cris pénètrent jusqu'à vous.

ORAISON. Sainte Marie, etc. (comme ci-dessus).

A SEXTE.

Vierge sainte, aide-nous, nos cœurs te sont soumis; délivre-nous des mains de nos fiers ennemis.
Gloire soit au Père, etc.

HYMNE.

Je te salue, ô Vierge Mère,
Asile de la Trinité.
Par toi le Ciel qui te révère
Vit croître sa félicité.

La plus pure vertu, sans cesse,
Couronna ton front de ses fleurs.

Des cœurs plongés dans la tristesse,
Tes regards arrêtent les pleurs.

Jardin d'Eden, lieu d'innocence,
En toi, le Seigneur a planté
Le palmier de la patience,
Le cèdre de la chasteté.

Terre sainte, terre bénie,
Echue au Prêtre souverain,
Tu ne fus point assujettie
A la dette du genre humain.

Cité de Dieu, don ineffable,
En qui s'unissent tous les dons,
Par toi le soleil véritable
Fit sur nous luire ses rayons.

℣. Comme le lis entre les épines,

℟. Ainsi est ma Bien-Aimée entre les enfants d'Adam.

℣. Exaucez ma prière, puissante Reine;

℟. Et que mes cris pénètrent jusqu'à vous.

ORAISON. Sainte Marie, etc. (comme ci-dessus).

A NONE.

Vierge sainte, aide-nous, nos cœurs te sont soumis; délivre-nous des mains de nos fiers ennemis.

Gloire soit au Père, etc.

HYMNE.

C'est toi que figurait l'asile
Où l'on courait de toutes parts,
Et cette tour sûre et tranquille
Qu'environnaient mille remparts.

Le moment où tu fus conçue,
Toute ardente des feux divins,
Ecrasa la tête perdue
Du cruel tyran des humains.

Femme dont la force est décrite,
Dont Judith nous peint les combats,
Nouvelle et chaste Sunamite,
Tu portas Jésus dans tes bras.

A Rachel Joseph dut son être,
L'Egypte son libérateur,
Dans ton sein le monde vit naître
Son Roi, son Dieu, son Rédempteur.

℣. Vous êtes toute belle, ô ma Bien-Aimée !
℟. Et votre beauté parfaite ne fut jamais ternie par la tache du péché originel.
℣. Exaucez ma prière, puissante Reine ;
℟. Et que mes cris pénètrent jusqu'à vous.

ORAISON. Sainte Marie, etc. (comme ci-dessus).

A VÊPRES.

Vierge sainte, aide-nous, nos cœurs te sont sou-

mis ; délivre-nous des mains de nos fiers ennemis.
Gloire soit au Père, etc.

HYMNE.

Dix degrés jadis en arrière,
Sur le cadran fameux d'Achaz,
Le soleil, rebroussant carrière,
Ramena l'ombre sur ses pas.

En toi le soleil de justice,
Le Verbe s'abaisse et prend chair,
Il abat, il détruit le vice,
Il sauve l'homme de l'enfer.

Le Roi, le Créateur des Anges
Se met lui-même au-dessous d'eux,
Par ses abaissements étranges,
Il nous place au sommet des cieux.

D'avance Marie étincelle
De son feu brillant et vermeil.
C'est une aurore qui décèle
Le lever prochain du soleil.

C'est un lis entre les épines,
Qui par sa blancheur nous ravit,
Et dont les puissantes racines
Détruisent le serpent maudit.

C'est cet astre dont la lumière
Nous guide au milieu de la nuit,

Il fait rentrer dans la carrière
Celui que l'ombre aurait séduit.

℣. J'ai fait paraître dans le Ciel une lumière qui ne cessera point de luire.

℟. Et j'ai couvert la terre comme d'un brouillard.

℣. Exaucez ma prière, puissante Reine ;

℟. Et que mes cris pénètrent jusqu'à vous.

ORAISON. Sainte Marie, etc. (comme ci-dessus).

A COMPLIES.

Que Jésus-Christ votre Fils, ô notre Reine ! apaisé par vos prières, nous convertisse, et qu'il détourne son indignation de nous.

Vierge sainte, aide-nous, nos cœurs te sont soumis ; délivre-nous des mains de nos fiers ennemis.

Gloire soit au Père, etc.

HYMNE.

Quel éclat nouveau t'environne,
Vierge et Mère tout à la fois :
Des astres forment ta couronne,
La douceur préside à tes lois.

Plus pure qu'eux, en souveraine,
Aux Anges tu donnes la loi,
Ta place, en qualité de Reine,
Est à la droite du grand Roi.

C'est toi, Mère compatissante,
Notre espérance dans nos maux,
Dont la main forte et bienfaisante
Nous soutient au milieu des flots.

C'est toi, prodige de la grace,
Par qui nous présentons nos vœux,
Ah ! puissions-nous voir face à face
Jésus au séjour bienheureux.

Ainsi soit-il.

℣. Ton Nom, ô Marie ! est comme un parfum répandu.

℟. Tes serviteurs sont pénétrés pour toi de l'amour le plus parfait.

℣. Exaucez ma prière, puissante Reine ;

℟. Et que mes cris pénètrent jusqu'à vous.

ORAISON. Sainte Marie, etc. (comme ci-dessus).

FIN.

Lille. Typ. de L. Lefort. 1850.

www.ingramcontent.com/pod-product-compliance
Lightning Source LLC
Chambersburg PA
CBHW061006050426
42453CB00009B/1278